바른 역사를 펴내는 데 길잡이가 되어 주신 분들

추천감수 최광식 (현 고려대학교 한국사학과 교수 · 국립 중앙 박물관장)
고려대학교 사학과를 졸업하고 같은 학교 대학원을 졸업했습니다. 고구려, 백제, 신라의 정치와 사상을 연구하고 있습니다. 효성여자대학교 사학과 교수, 일본 동북대학교 객원연구원, 중국 북경대학교 초빙교수, 미국 UCLA 초빙교수를 지냈으며, 한국역사민속학회 회장, 한국고대사학회 회장, 고구려연구재단 상임이사, 고려대학교 박물관장으로 활동했습니다. 현재 고려대학교 한국사학과 교수 및 국립 중앙 박물관장, 한국고대학회 회장으로 활동하고 있습니다. 주요 저서로는 《고대 한국의 국가와 제사》, 《중국의 고구려사 왜곡》, 《단재 신채호의 '천고'》, 《우리 고대사의 성문을 열다》, 《백제의 신화와 제의》, 《한국 고대의 토착신앙과 불교》 등이 있습니다.

추천감수 박남수 (현 국사편찬위원회 편사 연구관 · 동국대학교 사학과 겸임교수)
동국대학교 사학과를 졸업하고 같은 학교 대학원 사학과에서 한국 고대사를 전공했습니다. 한국 고대 사회경제사 및 정치사를 연구했습니다. 현재 국사편찬위원회 편사 연구관 및 동국대학교 사학과 겸임교수로 활동하고 있습니다. 주요 논문으로는 《신라 화백회의의 기능과 성격》, 《김대성의 불국사 조영과 그 경제적 기반》, 《삼국의 경제와 교역활동》, 《8~9세기 한 · 중 · 일 교역과 장보고의 경제적 기반》, 《고구려 조세제와 민호편제》, 《통일신라의 대일교역과 애장왕대 교빙결호》 등이 있으며 신서원의 《신라수공업사》를 저술했습니다.

추천감수 박대재 (현 고려대학교 한국사학과 교수 · 전 국사편찬위원회 편사 연구사)
고려대학교 한국사학과를 졸업하고 같은 학교 대학원 사학과를 졸업했습니다. 고조선, 부여, 삼한 등 한국 상고사를 연구하고 있습니다. 공군사관학교 역사철학과 교수요원, 미국 남가주대학교(USC) 한국학연구소 객원연구원, 국사편찬위원회 편사 연구사를 지냈으며, 현재 고려대학교 한국사학과 교수, 한국사연구회 편집이사로 활동하고 있습니다. 주요 저서로는 《의식과 전쟁-고대 국가를 바라보는 새로운 시각》, 《고대한국 초기국가의 왕과 전쟁》 등이 있습니다.

추천감수 임상선 (현 동북아역사재단 연구위원)
동국대학교 역사교육학과와 한국정신문화연구원 한국학대학원을 졸업했습니다. 발해의 역사와 문화, 동북아의 교과서와 역사분쟁을 연구했습니다. 서울시립미술관 및 서울역사박물관 전문위원에 이어 현재 동북아역사재단 연구위원으로 활동하고 있습니다. 주요 논문으로는 《발해 천도에 대한 고찰》, 《발해의 왕위계승》, 《'발해인' 이광현과 그의 도교서 검토》, 《발해의 도성체제와 그 특징》, 《중국학계의 발해 · 고구려 역사연구 비교》 등이 있으며 신서원의 《발해의 지배세력 연구》를 저술했습니다.

어려운 역사를 흥미로운 동화로 꾸며 주신 분들

글 우리역사연구회
중국과 일본 등 주변의 여러 나라들이 역사를 왜곡하고 있습니다. 우리가 우리의 역사를 잊어버리거나 바로 알지 못할 때 우리의 역사를 도둑맞게 됩니다. 우리 아이들에게 올바른 역사 인식과 역사관을 심어 주고, 역사 공부와 통합 논술 준비에 도움이 되는 책을 만들고자 우리역사연구회라는 이름으로 뜻을 모았습니다.
기획 및 편집 류일윤, 이인영, 김근주, 장혜미, 장도상, 하순영 **역사연구원** 이승민, 민정현, 김설아, 허보현, 최연숙 **논술연구원** 추선호, 이지선, 강지하, 김현기, 주인자, 이명숙
동화작가 류일윤, 강이든, 황의웅, 유주제, 정영선, 김유정, 조지현, 김광원, 이지혜, 조은비, 김설아, 박지선, 이승진, 김진숙, 김경선, 김명수, 한희란, 김미선, 한화주

본문 그림 이형준
산업공예를 전공했습니다. 현재 일러스트레이션 전문업체인 '빠레트 일러스트레이션'을 운영하고 있으며 여러 사보와 동화책에 그림을 그리고 있습니다. 주요 작품으로는 《신데렐라》, 《이솝우화》, 《연개소문》, 《소가 된 게으름뱅이》, 《도구》, 《세 가지 소원》, 《자연과학동화》, 《고주몽》, 《아라비안나이트》 등이 있습니다.

부록 그림 차은실
한국출판미술협회 회원이자 일러스트레이터 모임 'B612'의 회원으로 활동하고 있습니다. 주요 작품으로는 담터미디어의 《행복한 태교 동화》, 《도란도란 구연 동화》, 지경사의 《하늘을 정복한 라이트 형제》, 깊은책속옹달샘의 《미운오리새끼》, 《플랜더스의 개》, 홍진P&M의 《톨스토이 인생론》 등이 있습니다. 아이들에게 따뜻함과 꿈을 줄 수 있는 그림을 그리기 위해 노력하고 있습니다.

무왕 당나라 등주를 공격하다

1판 1쇄 인쇄 2014년 2월   **1판 1쇄 발행** 2014년 2월
기획 및 편집 류일윤, 이인영, 김근주, 민정현, 김설아, 장도상, 하순영, 허보현, 이정애
교정 교열 박사례, 장혜미, 전희선, 최부옥, 김정희, 최효원   **논술 진행** 추선호, 이지선, 강지하
아트디렉터 이순영, 심영논   **디자인** 김재욱, 김은주, 송나경, 김명희, 박미옥, 김용호, 홍성훈, design86
펴낸이 양기남   **펴낸곳** MLS   **출판등록번호** 제406-2012-000094호   **주소** 경기도 파주시 회동길 216, 파주출판도시 문정 3층
전화 031-957-3434   **팩스** 031-957-3780
ISBN 978-89-98210-67-0   ISBN 978-89-98210-26-7 (세트)

⚠ 주의 : 본 책으로 장난을 치거나 떨어뜨리면 어린이가 다칠 위험이 있습니다. 고온 다습한 장소나 직사광선이 닿는 장소에는 보관을 피해 주십시오.

《구당서》열전 북적 '발해' · 《신당서》열전 북적 '발해' · 《발해고》

무왕
당나라 등주를 공격하다

휘영청 달이 밝은 밤이었어요.
무예 태자는 혼자 뜰 안을 서성이며 한숨을 쉬었어요.
"폐하께서 편찮으시니 걱정이로구나.
 어서 기운을 차리셔야 할 텐데."
무예 태자는 발해를 세운 고왕 대조영의 맏아들이에요.
고왕은 고구려가 무너진 뒤
당나라로 끌려간 고구려 사람들과
말갈 사람들을 이끌고 발해를 세웠답니다.
그런데 얼마 전부터 고왕이 시름시름 앓기 시작했어요.

그때 어디선지 노랫소리가 들려왔어요.
무예 태자는 삽시간에 얼굴이 일그러졌지요.
"문예가 또 당나라 노래를 부르고 있군!"
무예 태자는 성큼성큼 문예 왕자 방으로 갔어요.

"문예야, 넌 발해의 왕자다.
그런데 어째서 당나라 노래를 부르는 것이냐?"
"발해 노래는 촌스럽잖아요.
형님이 뭐라고 하셔도 전 당나라 노래가 좋습니다."
무예 태자와 문예 왕자는 말없이 서로를 쏘아보았어요.
잠시 뒤, 무예 태자가 먼저 몸을 휙 돌려 나왔어요.
'어째서 발해의 왕자가 발해보다
당나라를 더 좋아한단 말인가!'

사실 문예 왕자는 줄곧 당나라에서 지내다가
얼마 전에 발해로 돌아왔어요.
오랫동안 당나라에서 지냈기 때문일까요?
문예 왕자는 항상 발해보다
당나라가 더 뛰어나다고 생각했어요.
글도, 노래도, 옷도 심지어 음식까지도요.
무예 태자는 그런 문예 왕자가 답답하기만 했어요.
'문예야, 나는 너를 도무지 이해할 수가 없구나.'

719년, 고왕이 숨을 거두고 무예 태자가 그 뒤를 이었어요.
바로 발해 제2대 황제인 무왕이 되었지요.
"나는 발해를 크고 강한 나라로 만들고 싶다.
그러기 위해서는 힘을 키워야 해."
무왕은 나라 안팎을 두루 살피면서
나라의 기틀을 튼튼히 다졌지요.
관리들을 엄하게 다스리고 인재를 가려 뽑았어요.
꾸준히 군사 훈련도 시켰어요.
'언제 무슨 일이 벌어질지 모른다.
그러니 지금부터 철저히 대비해야 한다.'

그러던 어느 날, 놀라운 소식이 날아들었어요.
"폐하! 흑수 말갈이 몰래 당나라와 손을 잡았다고 합니다!"
"뭐라? 내 흑수 말갈을 용서치 않겠다!"
무왕은 급히 신하들을 불러 모았어요.
"흑수 말갈이 당나라와 손을 잡았다고 하오. 어떻게 하면 좋겠소?"

그러자 문예 왕자가 시큰둥하게 말했어요.
"괜히 흑수 말갈을 건드렸다가 당나라가 쳐들어오면 어쩝니까?
우리 발해는 단박에 망해 버릴 텐데요."
그때, 장문휴가 앞으로 나섰어요.
"아닙니다! 이대로 두면 당나라와 흑수 말갈이
함께 발해를 공격할 것입니다.
더 늦기 전에 흑수 말갈을 쳐야 합니다."
무왕은 고개를 끄덕였어요.
"장문휴 장군의 말이 맞다.
대문예여, 군사를 이끌고 나가
흑수 말갈을 치고 오너라!"

하지만 문예 왕자는 순순히 무왕의 뜻을 따르지 않았어요.
**군사를 이끌고 떠난 지 며칠 되지 않아
당나라로 달아나 버렸지요.**
"문예, 네 이놈! 너를 절대 용서하지 않겠다!"
무왕은 화가 머리끝까지 치솟았어요.
당장 당나라에 사신을 보내 문예 왕자를 돌려 보내라고 했지요.
그러나 당나라는 시치미를 뚝 뗐어요.
"이미 대문예를 먼 곳으로 보냈소."
당나라는 발해에 대해 잘 아는 문예 왕자를
내주고 싶지 않았거든요.

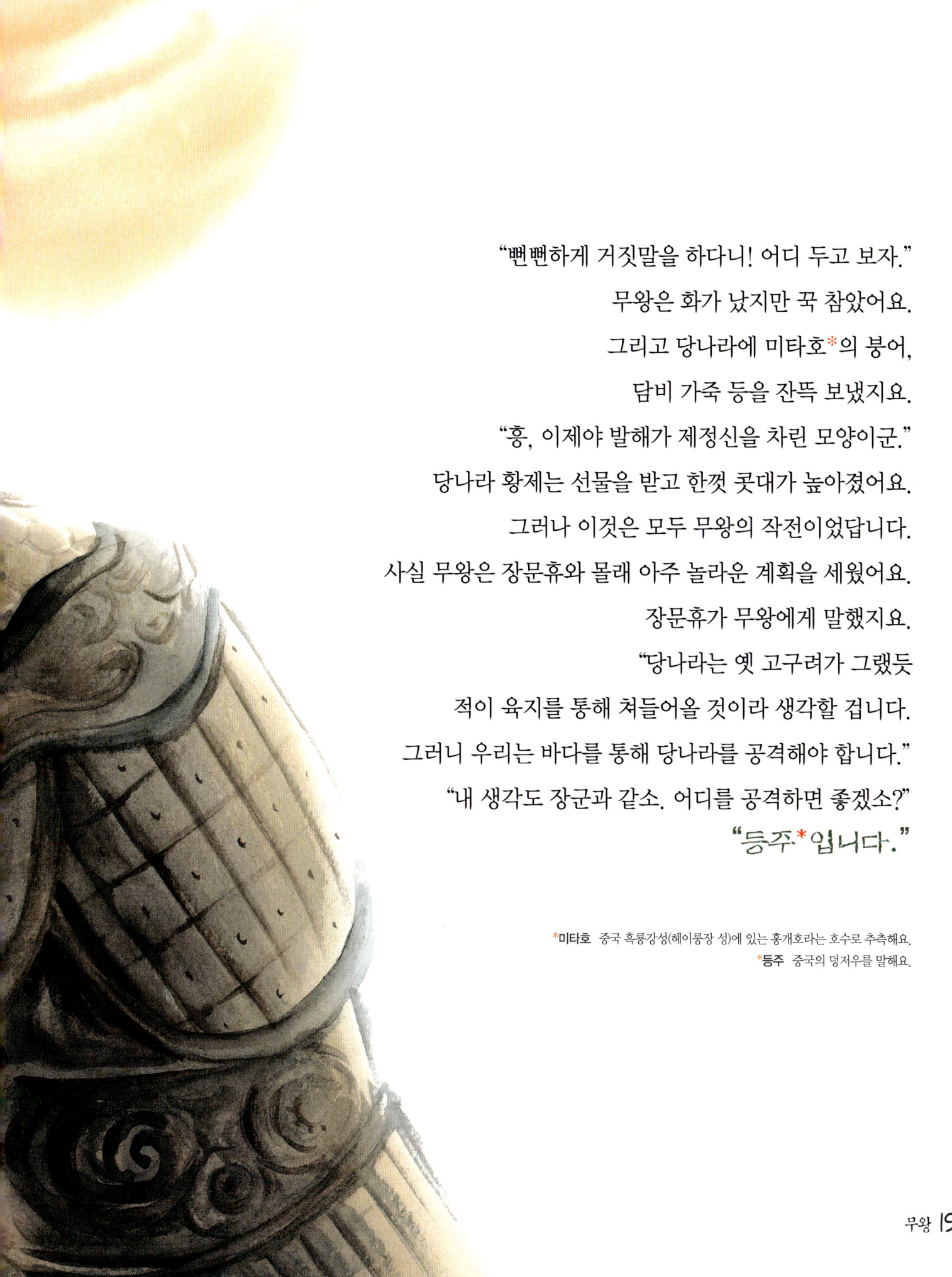

"뻔뻔하게 거짓말을 하다니! 어디 두고 보자."
무왕은 화가 났지만 꾹 참았어요.
그리고 당나라에 미타호*의 붕어,
담비 가죽 등을 잔뜩 보냈지요.
"흥, 이제야 발해가 제정신을 차린 모양이군."
당나라 황제는 선물을 받고 한껏 콧대가 높아졌어요.
그러나 이것은 모두 무왕의 작전이었답니다.
사실 무왕은 장문휴와 몰래 아주 놀라운 계획을 세웠어요.
장문휴가 무왕에게 말했지요.
"당나라는 옛 고구려가 그랬듯
적이 육지를 통해 쳐들어올 것이라 생각할 겁니다.
그러니 우리는 바다를 통해 당나라를 공격해야 합니다."
"내 생각도 장군과 같소. 어디를 공격하면 좋겠소?"
"등주*입니다."

***미타호** 중국 흑룡강성(헤이룽장 성)에 있는 홍개호라는 호수로 추측해요.
***등주** 중국의 덩저우를 말해요.

그날부터 압록강 하구에 이름난 기술자들이 모여들었어요.
남몰래 튼튼하고 날렵한 배를 만들기 위해서였지요.
발해 사람들은 워낙 솜씨가 좋아 배를 잘 만들었답니다.
시간이 흘러 732년 가을, 모든 준비가 끝났어요.
압록강 위에 수많은 배가 뜨고
창과 칼, 활을 든 군사들이 배 위에 올랐어요.
장문휴는 큰 소리로 외쳤지요.
"오늘 우리는 등주를 공격할 것이다!
그리하여 저 오만한 당나라의 콧대를 꺾고
위대한 발해의 이름을 널리 떨칠 것이다!"
"와아아아!"

드디어 발해의 등주 공격이 시작되었어요!

"자, 자, 돈 주고도 못 사는 신라 물건입니다. 번쩍번쩍 빛나는 황칠*이오!"

"발해의 담비 가죽 사세요."

그날도 등주는 여느 때처럼 여러 나라에서 온 상인들로 복작복작했지요.

그런데 갑자기 바다 위에 수많은 배가 나타나지 뭐예요.

상인들은 모두 눈이 휘둥그레졌지요.

"저건 어느 나라 배지? 처음 보는 배인데?"

*황칠(금칠) 세계에서 유일하게 우리나라의 전남 완도, 대흑산도, 어청도와 제주도에서 생산되는 황칠나무에서 뽑은 진으로 그릇 따위를 칠한 것을 말해요. 마르면 황금빛이 나 옛날부터 중국 황실의 가구와 갑옷, 투구 등을 칠할 때 쓰였다고 해요. 신라 청해진의 교역 상품 중 최상품이 바로 황칠 제품이었어요.

그 사이 배는 빠른 속도로 등주 항구에 들어왔어요.
눈 깜짝할 사이에 배 위에서 군사들이 뛰어내리더니
마치 벌 떼처럼 공격하기 시작했지요.
"무엇이? 발해가 바다를 건너서 쳐들어와? 아뿔싸!"
등주 자사 위준은 깜짝 놀라 허둥지둥했어요.
하지만 이미 때는 늦었지요.
장문휴는 단칼에 위준의 목을 베었어요.
"두 번 다시 우리 발해를 깔보지 못하리라!"

"등주가 쑥대밭이 되다니! 이럴 수가!"
당나라 황제 현종은 발해의 등주 공격 소식에 깜짝 놀랐어요.
"당장 등주로 가라! 가서 발해 놈들을 모조리 잡아 오너라!"
그러나 그때는 장문휴가 공격을 끝내고
이미 발해로 돌아간 뒤였지요.
당 현종은 길길이 날뛰며 소리쳤어요.
"내 이놈들을 쫓아가서 결판내리라!"
"폐하, 장문휴는 벌써 발해로 돌아갔을 것입니다.
때를 기다려 복수하시지요."
신하들이 모두 말리자 현종은 더 고집을 부릴 수 없었어요.
"좋소. 그대들의 말을 따르리다."

733년 겨울, 당 현종은 발해와의 전쟁을 선포*했어요.
먼저 문예 왕자를 불러 명령했지요.
"대문예, 그대가 발해에 대해 잘 알고 있으니 앞장서시오."
그리고 신라에 사신을 보내 군사를 보내 달라고 했답니다.
위아래에서 발해를 공격하여 끝장낼 생각이었지요.

*선포(베풀 선宣, 베 포布) 세상에 널리 알리는 일이에요.

하지만 신라의 성덕왕은 발해와 싸울 생각이 없었어요.
일단 군사를 보내는 척하다가 중간에 되돌려 버렸지요.
"날씨가 너무 추워서 군사들이 대부분 얼어 죽었습니다.
 그래서 별수 없이 신라로 돌아오고 말았습니다."
당 현종은 몹시 분했지만 어쩔 도리가 없었어요.

28 인물로 읽는 한국사

한편 대문예는 군사를 이끌고 유주*를 지나 발해로 쳐들어갔어요.
발해군은 기다렸다는 듯 대문예가 이끄는 군대를 공격했지요.
"발해의 왕자면서 발해를 배신하다니! 용서할 수 없다!"
발해군은 성난 호랑이처럼 무섭게 달려들었어요.
대문예의 군사들은 발해 군사들에게 눌려 변변히 싸워 보지도 못하고,
꽁지가 빠져라 도망치고 말았답니다.
당 현종은 당나라군이 크게 졌다는 소식을 듣고 땅을 쳤어요.
"우리 당나라가 발해에 지다니! 내가 발해를 너무 깔보았구나."

*유주 지금의 중국 베이징 및 그 주변이에요.

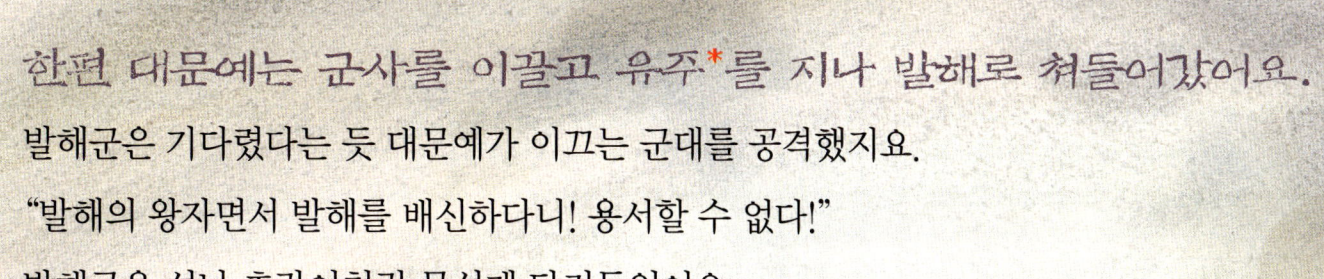

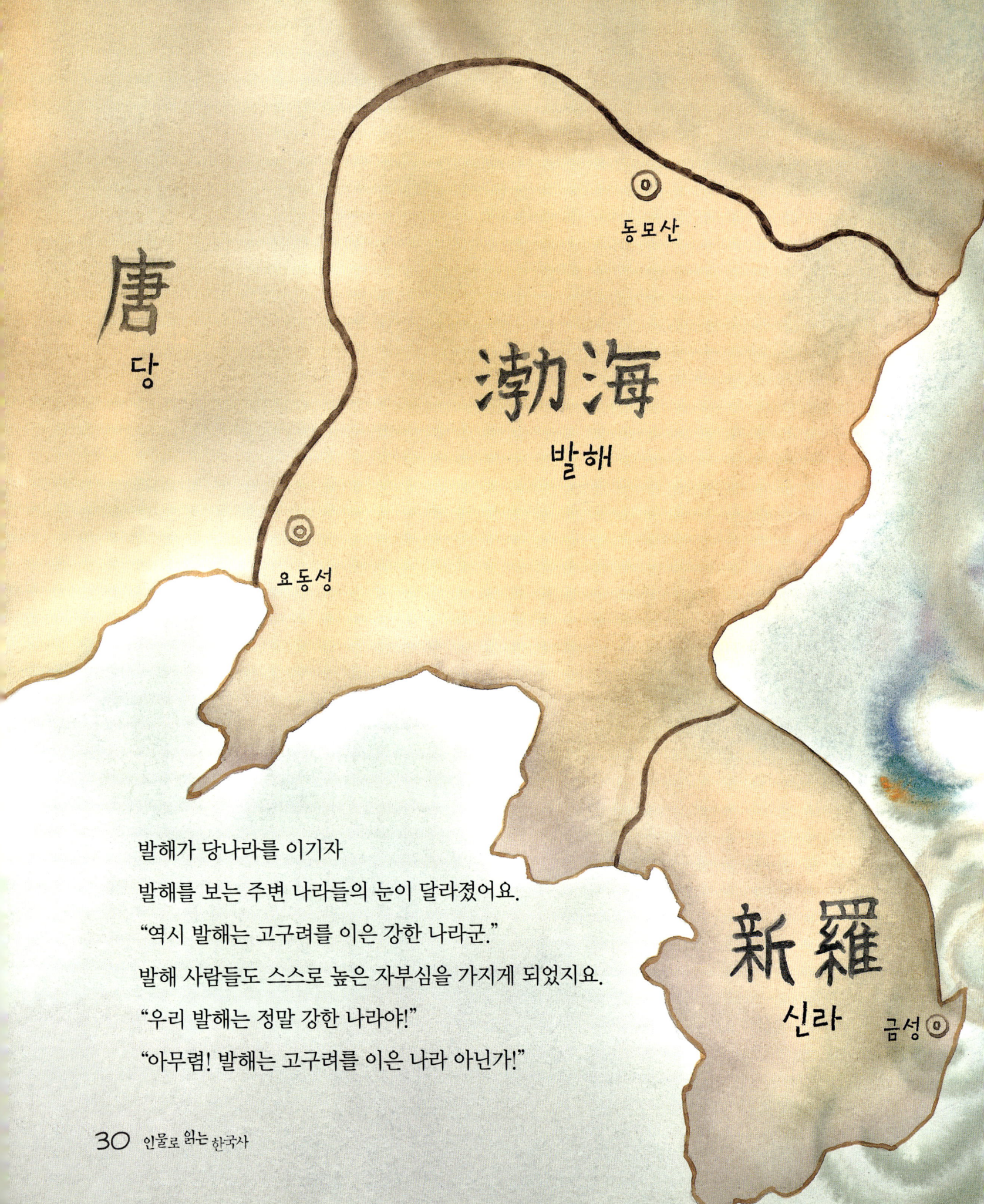

고구려의 기상을 이어받아
발해를 더욱 강한 나라로 만든 무왕.
무왕은 고구려의 옛 땅을
대부분 되찾았을 뿐만 아니라
등주를 공격하여 당나라의 콧대를
납작하게 만들었지요.
그 뒤로 발해는 200년이 넘게
동북아시아를 호령하는 큰 나라로 성장한답니다.

테마 탐구

어느 발해인의 항해 일지

발해는 일본과 많은 교류를 했어요. 일본으로 떠나는 발해 사신들은 한겨울의 계절풍을 이용해 바다를 건넜지요. 험하고 고생스러운 항해였지만 외교와 무역을 위해 목숨을 아끼지 않았답니다.

776년
발해의 상경 용천부 하늘이 어둑어둑해지더니 찬 바람이 불어 대기 시작했다. 사도몽 대사가 궁에 들어가 문왕에게 하직 인사를 하였다. 사도몽 대사 등 우리 **사신단 160명**은 드디어 먼 여행길에 올랐다.

776년
사신단 일행이 남해부에 도착하였다. 다시 일본으로 향하는 토호포로 가서 짐과 예물을 배에 싣기 시작했다. 눈발이 날리는 겨울 바다가 매서웠다.

776년
드디어 출발! 사도몽 대사와 부사, 판관, 사생, 역관, 천문생과 교역을 위한 **사신단 160명과 뱃사람 27명**이 탄 배가 검푸른 바다를 가르며 일본으로 향했다.

여기서 잠깐!
발해인들은 왜 추운 겨울에 항해를 했을까요?
동해에는 11월부터 3월까지 시베리아에서 강한 북서풍이 불어와요. 이 바람을 이용하면 쉽고 빠르게 일본에 도착할 수 있었지요.

여기서 잠깐!
발해 배는 바람만으로 일본에 갈 수 있었을까요?
발해인들이 북서풍만을 의지해 동해를 건넌 것은 아니었어요. 하늘의 별자리를 보고 동서남북의 방향을 알아내는 '천문생'이라는 사람이 있어 바닷길을 알려 주었지요.

발해인들은 왜 험한 바다를 건너 일본까지 갔을까요?
처음에는 신라를 견제하기 위해서 일본과 교류를 시작했어요. 하지만 나중에는 무역 등의 경제적인 목적이 더 중요해졌답니다.

발해인들은 어떤 배를 타고 갔을까요?
거센 파도를 이기려면 배의 앞머리가 뾰족하고 높아야 해요. 또 배의 방향을 잘 잡기 위해서는 정교한 키와 돛대가 두 개 이상 있는 배가 필요하지요. 발해인들은 바로 그렇게 생긴 배를 타고 항해했어요.

발해의 배는 일본의 어디에 도착했을까요?
발해인들은 동해를 건너 일본 서해안 지역에 도착했어요. 가장 대표적인 도착지는 후쿠라 항이었지요. 지금은 한적한 어촌에 불과하지만 1,300년 전 발해인들이 도착한 후쿠라 항은 일본의 대표적인 항구였어요. 그러나 일본은 규슈 지방의 대재부로 항해할 것을 요청하였지요.

776년 12월 22일
아! 일본 해안이 보인다! 모두 기뻐서 환호를 했다. 그런데 뭍으로 배를 대려고 할 때 갑자기 바람이 사납게 부는 게 아닌가! 키가 부러지고 돛이 떨어져 나갔다. 간신히 살아남은 사람은 고작 46명뿐. 곧 월전국 가하군에 도착하여 일본 사람들의 도움을 받아 겨우 몸을 추슬렀다.

777년 1월 20일
평성경에서 일본 천황의 사신이 와서 발해 사신단이 일본에 온 목적과 사신단의 근황 등에 대하여 물었다.

777년 4월 9일
평성경에서 온 영접 관리들의 안내를 받으며 평성경에 들어갔다.

777년 4월 22일
일본 천황을 방문하여 국서와 예물을 드렸다.

험한 파도도 두렵지 않아!

발해에서 일본으로 가려면 900km나 되는 동해를 건너야 했는데, 파도가 높고 안개가 심해서 위험하기 짝이 없었대요. 당시 일본에서는 견당사(당나라로 가는 사신)로 뽑히면 도망가 숨어 버릴 정도였답니다. 하지만 우리의 위대한 발해인들은 "흥! 이 정도쯤이야" 하며 이렇게 험한 바닷길을 가르며 씩씩하게 일본을 오고 갔어요. 함께 떠난 사도몽 일행 187명 가운데 46명만이 살아남았듯이 목숨을 건 항해였는데도 말이지요.

테마 탐구 II

200여 년 동안 네 차례나 도읍을 옮기다

698년, 동모산에 처음으로 나라를 세운 발해는 200여 년이 넘는 역사 동안 여러 차례 도읍을 옮겼어요. 가장 큰 적수였던 당나라를 피하기 위해, 또 나라의 발전을 위해 내린 결정이었죠.

첫 번째 도읍지 : 동모산 구국

고구려가 무너진 뒤 당나라 영주로 끌려간 **대조영**은 말갈 사람들을 포함한 고구려 유민들을 이끌고 당나라에서 멀리 떨어진 동모산 자락에 나라를 세웠어요(698년).

두 번째 도읍지 : 중경 현덕부

발해 제3대 황제인 문왕은 중경으로 도읍을 옮겼어요(746~752년 사이). 중경은 철과 베, 쌀 등 생산물이 많아 발해의 산업을 발달시키기 좋았어요.

상경성에서 발견된 발해 돌사자 상
발해의 대표적인 유물로 손꼽히는 돌사자 상이에요. 부리부리한 눈매와 힘 있는 표정에서 발해인들의 늠름한 모습이 느껴집니다.

세 번째 도읍지 : 상경 용천부

756년, 문왕은 당나라가 안녹산의 난으로 큰 혼란에 빠지자 그 영향이 발해까지 미칠 것을 염려하여 지금의 흑룡강성(헤이룽장 성)인 상경으로 도읍을 옮겼어요.

다섯 번째 도읍지 : 상경 용천부

발해 제5대 황제인 성왕 대에 발해는 세 번째 도읍지였던 상경으로 다시 옮겨 왔어요. 상경은 발해가 멸망할 때까지 동방의 큰 도시로 번성하였답니다.

네 번째 도읍지 : 동경 용원부

문왕은 바다가 가까운 동경으로 도읍을 옮겼어요(785~786년 사이). 일본, 신라와 더욱 활발하게 교류를 하기 위해서였지요.

호기심 탐구

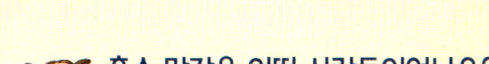

흑수 말갈은 어떤 사람들이었나요?

흑수 말갈은 말갈족의 한 부족으로, 지금의 흑룡강(헤이룽 강) 중·하류 지역에 모여 살았어요. 말갈족 가운데 가장 강했던 이들은 뛰어난 전술을 앞세워 다른 부족이나 나라들을 자주 공격했어요. 발해가 세워지면서 발해에 복종하게 되었지만, 당나라와 손을 잡고 발해의 지배에서 벗어나려고 했답니다.

무왕과 장문휴 장군은 왜 등주를 공격하기로 결정했나요?

산둥 반도에 있는 등주는 단순한 항구가 아니었어요. 옛날부터 당나라에서 고구려나 신라로 떠나는 배는 대부분 등주에서 출발했어요. 또한 등주는 발해, 신라, 일본, 멀리 아라비아 상인들까지 와서 장사를 하는 국제도시였어요. 그런 등주가 공격당하면 당나라의 피해는 상상도 못할 정도로 크겠지요? 그래서 등주를 공격하기로 결정한 거예요.

장문휴 장군은 어떤 사람이었나요?

아쉽게도 장문휴 장군에 대해서는 자세한 기록이 남아 있지 않아요. 언제, 어디서 태어났는지, 어떻게 해서 발해의 장군이 되었는지 전혀 알 수가 없지요. 다만 발해의 장군으로서 놀라운 활약을 펼친 부분에 대해서만 중국의 《구당서》와 《신당서》라는 책에 간략하게 적혀 있답니다.

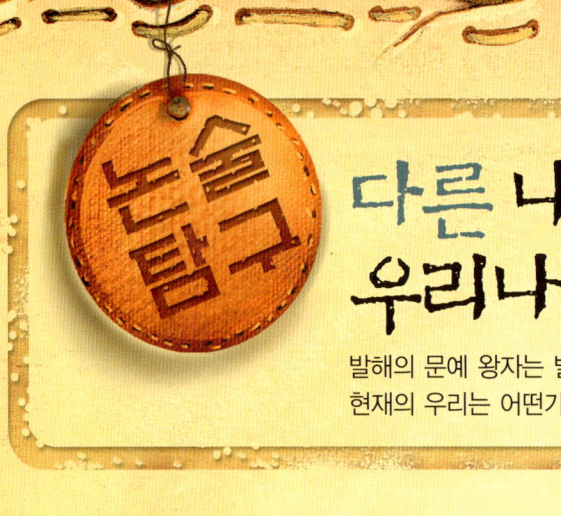

다른 나라가 부러워, 우리나라가 자랑스러워?

발해의 문예 왕자는 발해의 문화보다 당나라의 문화, 옷, 노래가 더 좋다고 하였어요.
현재의 우리는 어떤가요? 우리나라의 음식·전통과 외국의 음식·노래를 비교해 보아요.

그때 어디선지 노랫소리가 들려왔어요.
무예 태자는 삽시간에 얼굴이 일그러졌지요.
"문예가 또 당나라 노래를 부르고 있군!"
무예 태자는 성큼성큼
문예 왕자 방으로 갔어요.
"문예야, 넌 발해의 왕자다.
 그런데 어째서 당나라 노래를 부르는 거냐?"
"발해 노래는 촌스럽잖아요.
 형님이 뭐라고 하셔도
 전 당나라 노래가 좋습니다."
무예 태자와 문예 왕자는 말없이
서로를 쏘아보았어요.

> 난 우리 음식, 우리 옷, 우리 음악이 좋은데……. 다른 나라 것이 부럽다니, 이해할 수 없어!

> 우리 것도 좋지만, 다른 나라 음식도 맛있고, 음악도 너무 좋아! 외국에 사는 사람이 부럽다!

> 외국에도 좋은 것이 있고, 우리에게도 좋은 것이 있어! 하지만 우리의 문화를 먼저 알아야 하겠지!

그럼, 우리나라 문화와 우리나라 밖의 문화를 비교해 볼까요?

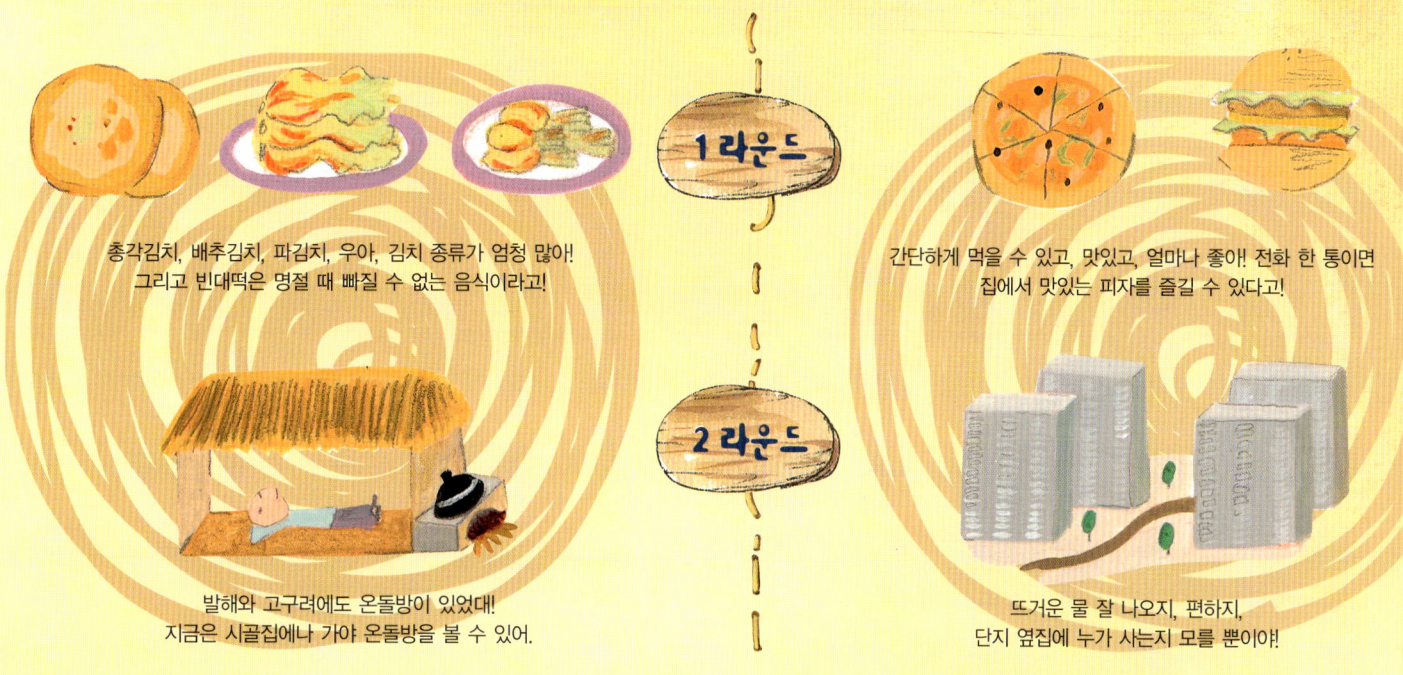

1 라운드

총각김치, 배추김치, 파김치, 우아, 김치 종류가 엄청 많아! 그리고 빈대떡은 명절 때 빠질 수 없는 음식이라고!

간단하게 먹을 수 있고, 맛있고, 얼마나 좋아! 전화 한 통이면 집에서 맛있는 피자를 즐길 수 있다고!

2 라운드

발해와 고구려에도 온돌방이 있었대! 지금은 시골집에나 가야 온돌방을 볼 수 있어.

뜨거운 물 잘 나오지, 편하지, 단지 옆집에 누가 사는지 모를 뿐이야!

우리 문화에 감동 받은 사람들을 찾아볼까요?

전 한국이 조아요. 온돌방이 있는 한옥은 최고예요! 한국 음식은 종류도 많고, 참 마이어요.

KOREA? 한국!
oh~

우리 힘으로 만든 뮤지컬, 우리 역사를 소재로 한 뮤지컬이 외국에서 큰 관심을 끌고 있습니다.

나는 비
한국 가수들, 노래 너무너무 잘해요!
나는 일본인

역사와 생각

발해 사람들은 "발해는 고구려를 이은 강한 나라다!"라며 높은 자부심을 가지고 있었어요. 나는 우리 문화를 자랑스럽게 생각한 적이 있었는지 말해 보세요.

일러두기

- 맞춤법, 띄어쓰기는 국립국어원에서 펴낸 《표준국어대사전》을 기준으로 삼았습니다.
  단, 역사 용어의 표기와 띄어쓰기는 교육인적자원부에서 펴낸 《교과서 편수 자료》를 따르되,
  어려운 용어는 쉽게 풀어 썼습니다.
- 학계에서 논의가 끝나지 않은 사안에 대해서는 감수위원의 의견과
  학계에서 인정하는 사료 및 금석문의 기록을 참고하여 반영하였습니다.
- 외국 인명, 지명은 국립국어원의 《외래어 표기 용례집》을 따랐습니다.
  단, 일반적으로 사용하는 우리음 표기도 썼습니다.
- 연도는 1895년 태양력 사용을 기점으로 이전은 음력으로 표기했습니다.
- 이 책에 사용한 사진은 관련 기관의 허락을 받아 게재했습니다.
  저작권자와 초상권자를 찾지 못한 일부 사진은 확인되는 대로 허락을 받겠습니다.

사진 출처 및 제공처

34-35 발해 돌사자 상-송기호